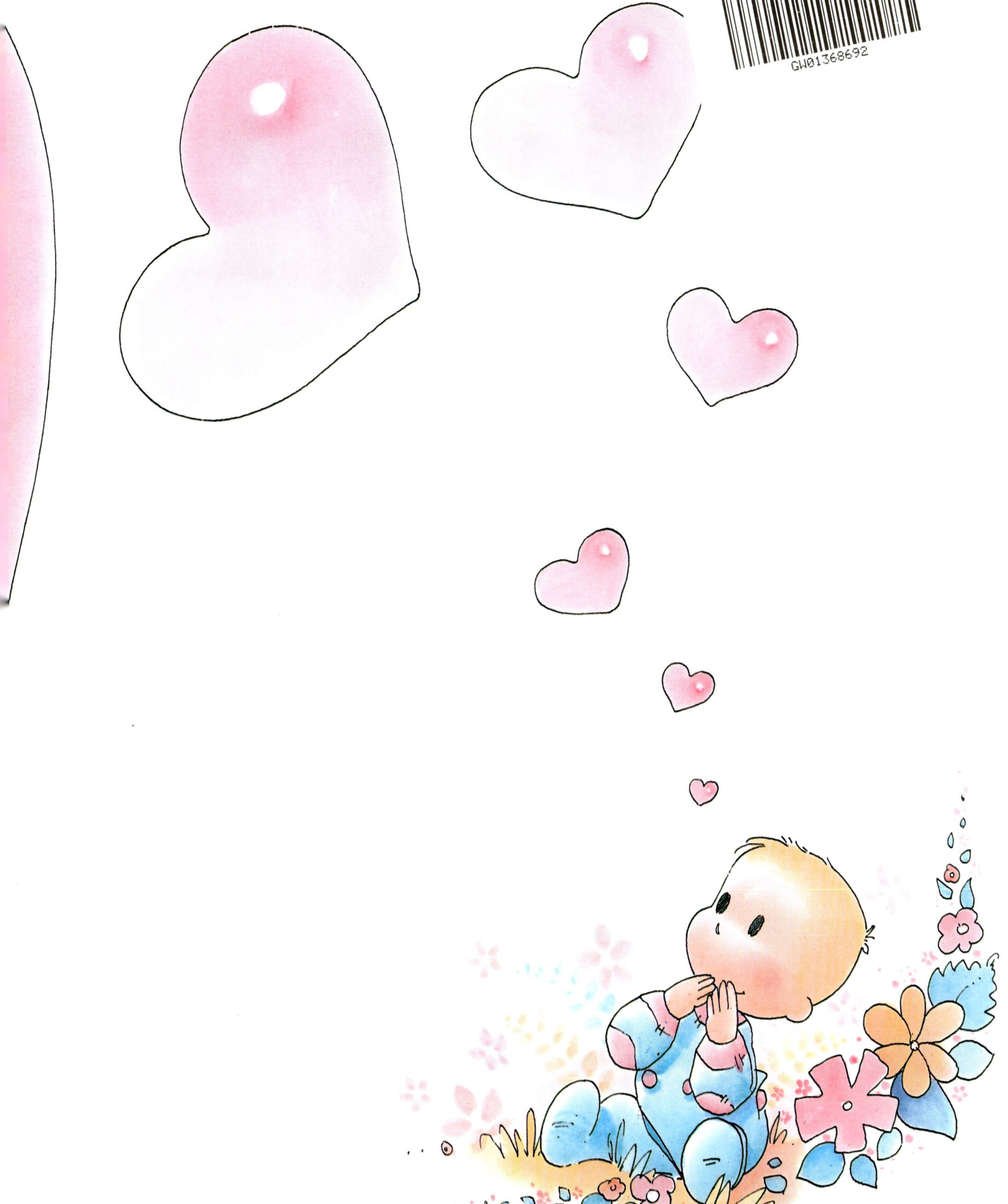

© Ediciones Saldaña S.A.
Ilustraciones: Gérald Raimon
Adaptación de Mª Antonia Urbina
I.S.B.N.: 84-7297-759-5
D.L.: BI-136-02
Impreso en España.
Grafman S.A.

NUESTRO BEBÉ

¡Esta es Mamá...

Mamá se llama..........................
Tiene...............años.
Su profesión es..........................
... y este es su retrato:

...y este es Papá!

Papá se llama..............................
Tiene.............años.
Su profesión es..............................
...y este es su retrato:

¡Hola, aquí estoy!

Nací el ....
a las .... horas ....
El tiempo era
....

Era un ....

Me apellido ....
Mi nombre es ....

Peso .... kgs ....

Mido .... cms.

Mi color de
pelo es ....
Mis ojos
son ....
Signos particulares:
....

¡Mi primera foto!

Mi invitación
de bautizo

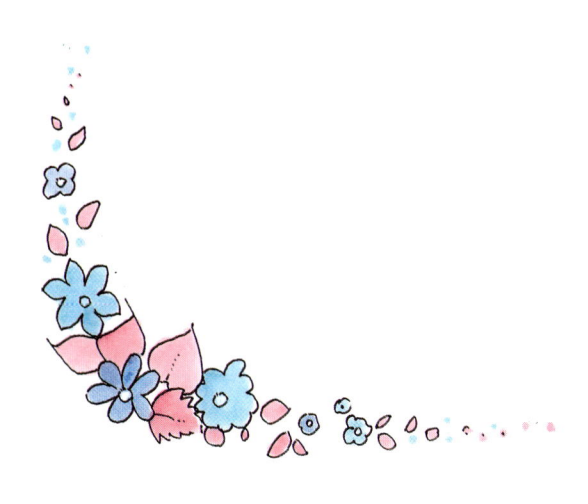

piscis

aries

acuario

Mi signo zodiacal ....

capricornio

sagitario

escorpión

tauro

géminis

Nací bajo
el signo
....

ascendente
....

cáncer

leo

libra

virgo

Mi árbol genealógico:

Mi bautizo

Fui bautizado el ....
en la iglesia ....

Después, fuimos a
....

con el padrino .... y la madrina ....

Mi primer mechón de cabellos.

Mi pulsera de recién nacido.

Mi peso.

cuando tenía una semana, pesaba............kgs.
a las dos semanas,..
a las tres semanas,..
al mes,...
a los dos meses,..
a los tres meses,..
a los seis meses,..
al año,...

Mi estatura

Medía,
a la semana,..........................cms.
a las dos semanas,..................
a las tres semanas,..................
al mes,....................................
a los dos meses,......................
a los tres meses,......................
a los seis meses,......................
al año,....................................

Tomé mi primer baño
en casa el ....
....

Mamá me dió el pecho
hasta ....

Tomé mi primer
biberón el ....

Mis alimentos preferidos.

Mis vacunas

Tuve......... fechas:

....
....
....
....
....
....

Mis pequeñas enfermedades...

Tuve........ ¿Cuándo?

....
....
....
....
....

Mis primeras palabras
....
....
....
....
....
....

Mi primer diente
salió
el..........................

el segundo
el..........................
el tercero
el..........................

¡Mis primeros pasos!

A cuatro patas...

....
....
....

Dándome la mano...

....
....
....

¡Yo solo!

....
....
....

Mis pequeñas
tonterías....
...y mis juguetes
preferidos:

¡Mi primera salida!

Mamá me llevó de paseo
el .... a ....

Mi primer cumpleaños...

Papá y Mamá invitaron a .

....

....

¡Mi primera vela!

Era el .... en ....

Mis regalitos...

....
....
....
....
....
....

Mi primer día de colegio.

¡Estupendo! ¡Tendré un montón de amigos y amigas!

Entré el ....
en el colegio ....
en la clase ....

Recuerdos de mis primeras semanas en el colegio:

....
....
....
....
....
....
....
....

Mis primeros amigos.

....
....
....
....
....
....
....

Mis primeras vacaciones

....
....
....
....
....
....
....

Tú, que me quieres, escríbeme

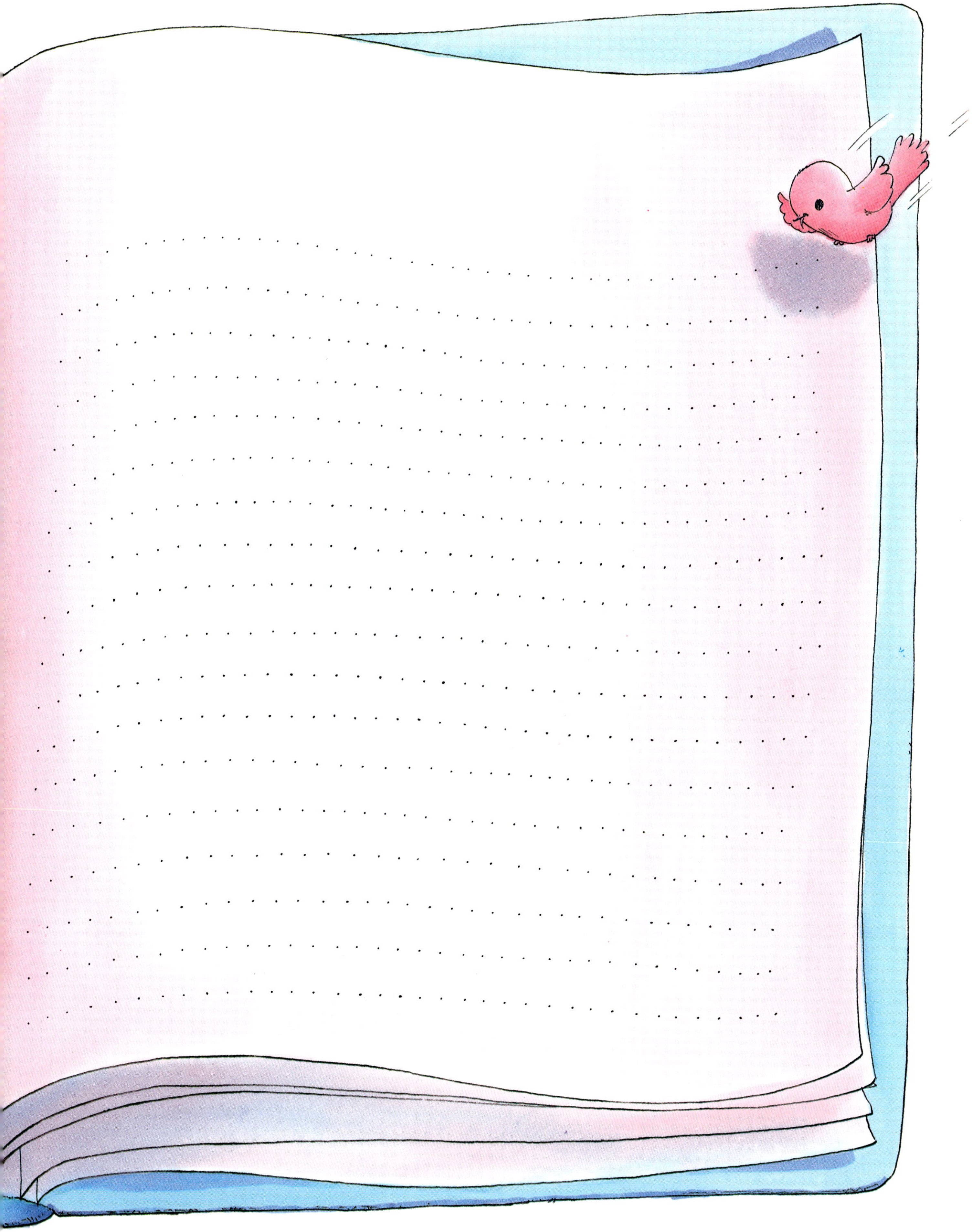

Tú, que me quieres, escríbeme

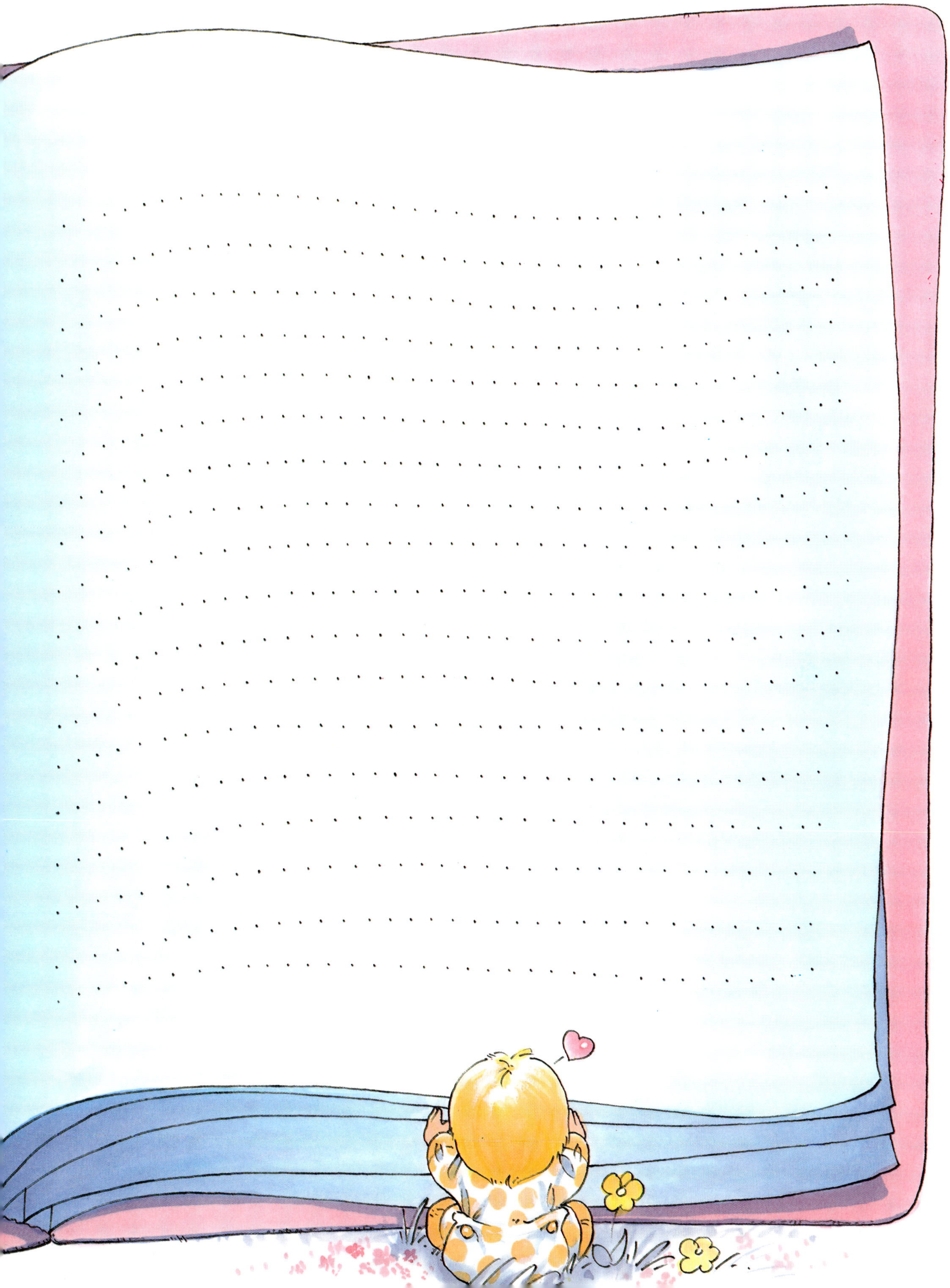

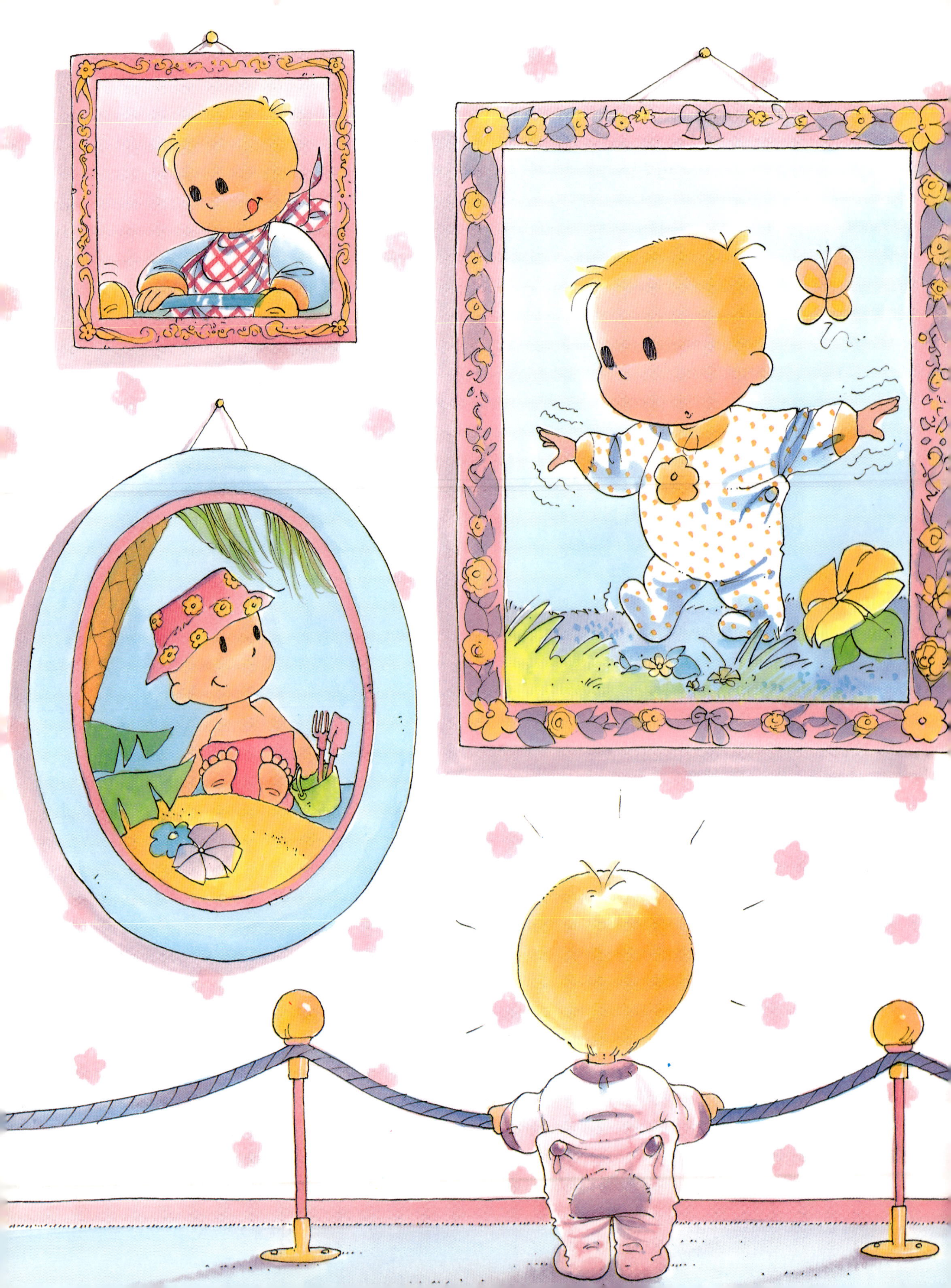

MIS FOTOS

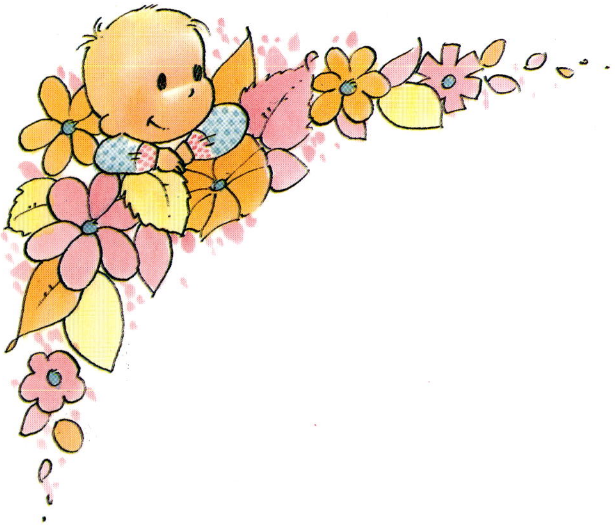

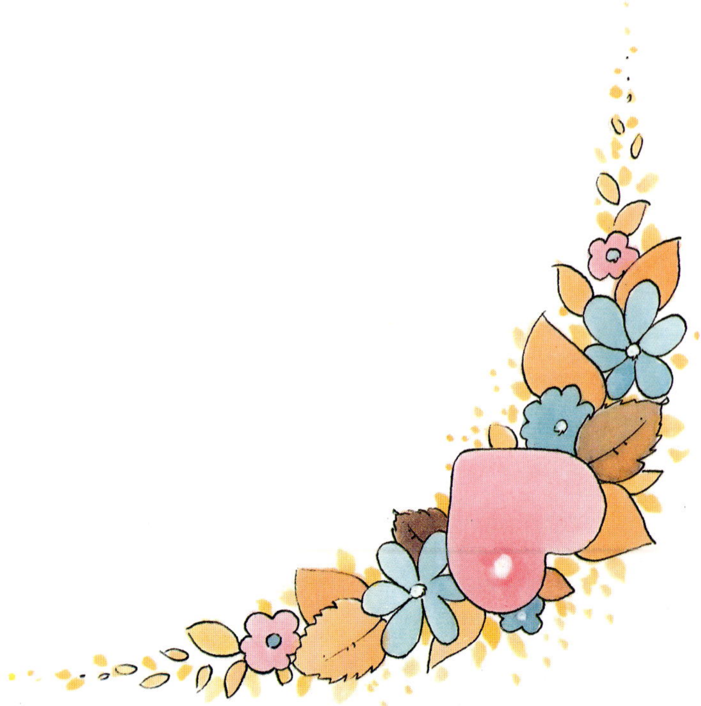